BEAUCOUP DE CHOSES

A PROPOS DE CHENILLES

LETTRE AU PRÉFET DE LA VENDÉE

FUSION :

CONFUSION, DÉCEPTION, TRAHISON, SUICIDE, DÉCHÉANCE ET DÉGRADATION

CONCLUSION GÉNÉRALE

PAR LE PRINCE DE ROSSY

> L'enthousiasme en tout genre est ridicule pour ne l'éprouve pas.
> Mme DE STAEL.

> Celui qui ne désire rien est roi.
> SÉNÈQUE.

PARIS

IMPRIMERIE BALITOUT, QUESTROY ET Ce

7, RUE BAILLIF, ET RUE DE VALOIS, 18

1873

« La plaisanterie française veut toujours humilier par le ridicule ; sa tactique est d'éviter l'idée pour attaquer la personne et le fond pour se moquer de la forme. »

(Mme DE STAEL.)

C'est pourquoi la plupart des écrivains, qui ont suivi cette triste méthode, sont rarement lus au-delà de l'époque où ils ont vécu, lorsque les passions, auxquelles ils ont sacrifié la justice et la vérité, sont éteintes.

Les écrits, défendant ces deux choses sacrées, sont les seuls qui restent ; et quand ils seraient dénigrés et promptement oubliés, qu'importerait à leurs auteurs ?

In memoriâ æternâ erit justus : ab auditione mala non timebit.

BEAUCOUP DE CHOSES

A PROPOS DE CHENILLES

Lettre au Préfet de la Vendée.

Monsieur le Préfet,

Si, comme tout le monde s'en plaint, la France, depuis la Révolution, est devenue ingouvernable, je crois que la cause principale en doit être attribuée à l'extrême multiplicité des lois. Chaque nouveau venu dans les parlements tient absolument à attacher son nom à quelques-unes. Il en est, sans doute, d'excellentes et de fort utiles ; mais combien aussi d'injustes, de contradictoires, d'abusives, d'impertinentes et de ridicules ! On les vote toutes cependant, puis il faut que la magistrature les applique, ce qui la déconsidère très souvent. En Angleterre, on ne sent jamais le gouvernement, en France, au contraire, on le sent toujours ; d'où il résulte qu'on respecte l'autorité au delà de la Manche et qu'on la hait ou la méprise en deçè. Les lois sont néanmoins en beaucoup trop grand nombre en Angleterre, comme partout dans la vieille Europe. Mais ce qui fait que le gouvernement y est moins tracassier qu'ailleurs, c'est que les Anglais n'ont pas, comme nous, la manie de l'unité, chose excellente en politique, personne ne le conteste, mais détestable en administration.

Ce qui précède, monsieur le Préfet, est pour en **venir** à la loi sur l'échenillage. Pourquoi l'Etat s'avise-t-il de m'obliger à faire la guerre aux chenilles, plutôt qu'aux autres vers ou insectes de toute sorte, aux limaces ou limaçons, aux pucerons, aux mouches, quand il ne me préserve pas lui-même d'autres fléaux bien pires, tels, par exemple, que les vagabonds et les maraudeurs de jour et de nuit? Si je lui demandais de les arrêter tous, il ne manquerait pas de me répondre que ses gendarmes et gardes champêtres ne suffiraient pas à cette besogne. Eh! comment veut-il que moi, je trouve assez de gens pour écheniller les arbres de tous mes champs, lorsque les bras manquent pour les travaux d'agriculture les plus essentiels? Et quand les bras ne manqueraient pas, comment pourrais-je trouver des hommes qui voulussent tuer des chenilles, au risque de se tuer eux-mêmes, en tombant du sommet des chênes de haute futaie? Cette loi d'échenillage peut être facile d'exécution dans un pays de plaine, de marais et de petites cultures, où les arbres sont rares et peu élevés; mais elle est impossible dans un bocage aussi fourré que celui de la Vendée. C'est donc une loi vexatoire. De quoi se mêle l'Etat de tout réglementer chez moi? Si faible que soit l'amende à laquelle il me condamne, c'est une peine, et qui me déplait d'autant plus que j'aime me conformer aux lois, pourvu toutefois que ce soit en mon pouvoir. Sans doute, monsieur le Préfet, cette amende d'un franc ou deux n'est pas bien redoutable en elle-même, mais voyez par quelle filière de tracasseries il faut que je passe avant de la payer :

1° C'est le gendarme qui me rend visite, pour m'avertir qu'il verbalisera contre moi;

2° C'est le commissaire de police, exerçant les fonctions du ministère public, qui m'invite à me présenter devant le tribunal de simple police du canton;

3° C'est le juge de paix qui me condamne à l'amende et aux frais de procédure, séance tenante;

4° C'est le journaliste du lieu qui publie ma condamnation dans son journal, afin que personne n'en ignore;

5° C'est ensuite le Receveur de l'Enregistrement, des Domaines et du Timbre, qui m'écrit pour me prier de passer à sa caisse;

6° Enfin, c'est une visite que je dois lui faire, mon amende à la main.

Monsieur le Préfet, je soutiens que tout cela est fort déplaisant, fait mépriser les faiseurs de sottes lois, qui devraient être condamnés à les exécuter eux-mêmes, et rend un peuple tel que nous

sommes devenus, frondeur, factieux et ingouvernable, comme j'ai
dit en commençant. Tout cela encore, pour venir à propos de
chenilles, n'en est pas moins vrai ; car les plus petites causes amè-
nent souvent les plus grands effets, et les tracasseries administra-
tives fatiguent et désaffectionnent plus les populations de leurs
gouvernements que les lois les plus tyranniques. La France se
moque de la liberté, mais elle ne paraît pas craindre l'égalité dans
la servitude. Jouissons donc de cette stupide égalité-là. Je viens de
parcourir une grande partie du bocage de la Vendée ; nulle part je
n'ai vu un seul arbre échenillé, d'où je conclus qu'il faut que tous les
propriétaires du sol soient condamnés à l'amende ou bien qu'aucun
ne doit l'être. Je désire que ce soit ce dernier parti qu'on prenne et
que le Conseil général du département demande l'abrogation de
cette loi.

J'espère, monsieur le Préfet, que vous ne verrez dans cette lettre
aucune attaque contre vous. Rien n'est plus loin de ma pensée,
car je sais, quoique je n'aie pas l'honneur de vous connaître, que
votre administration est très bienveillante et, pour ma part, je
n'ai eu qu'à m'en louer. Autrefois, on s'en plaignait du moins, la
tyrannie était exercée par les personnes, mais depuis la Révolution,
on l'a mise dan sles lois (1). La bourgeoisie s'est vengée des abus de
l'ancienne Monarchie en assassinant et volant *légalement* les prêtres
et les nobles. Qu'est-ce que le peuple y a gagné? Le présent fut-il
jamais plus précaire et l'avenir plus menaçant? Le peuple a été tel-
lement vexé par toutes les exigences des régimes divers qui ont
pesé sur lui depuis 1789, qu'il a refusé naguères de combattre

(1) Comme dans la loi du jury, par exemple. N'est-ce pas, en effet, atten-
ter à la liberté que de forcer le premier venu à juger, sous peine d'une
amende de 500 francs, s'il ne se rend pas à l'appel qui lui est signifié par les
gendarmes ? J'ai indiqué dans un autre écrit tous les inconvénients d'un jury
formé dans les conditions actuelles. Pour qu'il fût éclairé, en même temps
que consciencieux, il faudrait avant tout qu'on eût le droit de n'en pas faire
partie. Mais en France, pays soi-disant si avide de libertés, c'est toujours, en
réalité, le régime de la force qui domine. On demande maintenant l'ins-
truction et même le vote politique obligatoire. Vraiment il ne nous manque
plus que cela pour achever notre dissolution sociale. Et il y a des niais qui
espèrent ainsi contraindre les sages, les paresseux, les timides ou les mal-
veillants à voter pour eux! Essayez de ce moyen, législateurs aveugles ou
perfides, et vous reviendrez promptement de vos illusions. Mais que ne pro-
clamez-vous plutôt le génie et le bon sens obligatoires, puisque vous semblez
vous croire la puissance de distribuer aux peuples ces deux choses, cependant si peu communes, selon votre bon plaisir.

pour sa patrie. On a voulu en vain lui persuader que c'était de la prospérité que de racheter sa honte à grand renfort de milliards, le peuple, à moins que la Providence ne suscite un homme pour relever la France de son abaissement et de toutes ses ruines, le peuple se vengera à son tour de la bourgeoisie égoïste qui l'exploite, en détruisant toutes les lois. — Tant de choses à propos d'échenillage ! dira-t-on peut-être. — Oui. Car c'est la goutte d'eau qui fait déborder le vase : et quant à ceux qui me reprocheraient de mêler de si hautes à de si petites questions, je leur dirais de s'en prendre au gouvernement qui m'oblige si mal à propos de chercher des hommes voulant perdre leur temps et exposer leur vie pour tuer des chenilles, quand il n'a pu trouver assez de soldats lui-même pour exterminer les Prussiens.

Veuillez agréer, monsieur le Préfet, la respectueuse assurance de tous mes sentiments de distinction.

Un de vos administrés parlant au nom de plusieurs.

La Rochette-l'Etang, 31 mars 1873.

Je sors du tribunal où je viens d'être condamné à l'amende pour contravention aux lois. C'est la première fois que cela m'arrive, mais je ne puis me promettre que ce sera aussi la dernière, hélas ! Nous étions quarante-deux assignés à l'audience ; quinze à vingt passèrent avant moi. La plupart voulurent présenter quelques observations qui me semblaient fort justes, le juge leur fermait aussitôt la bouche par des reparties qui ne l'étaient pas moins. A celui qui tâchait d'expliquer son impuissance à détruire les chenilles, le magistrat répondait : « Enfin, vous reconnaissez que vos arbres n'ont pas été échenillés. Eh bien ! nous sommes ici pour appliquer et non pour interpréter la loi. » A un autre qui se plaignait qu'on lui fît un procès, tandis qu'on n'en faisait pas à son voisin, tombé en faute tout comme lui, le juge répliquait : « Soit, mais quand on aurait dressé un procès-verbal contre votre voisin, en seriez-vous moins pour cela vous-même en contravention ? » etc. Le fait est que si le juge de paix avait voulu écouter les réclamations de chacun, vingt-quatre heures n'y auraient pas suffi.

Mon tour venu, je sentis bien qu'il n'était pas de ma dignité de produire aucune défense, et que ce n'était pas non plus le lieu de protester ; j'écoutai donc ma condamnation en silence, et je m'inclinai devant le tribunal en disant : « C'est la loi ! » Mais j'ajoutais

en moi-même en me retirant : Oui, c'est la loi! mais qui n'est pas
égale pour tous, car j'avais très bien remarqué qu'on ne faisait des
procès qu'à ceux dont les propriétés bordent les grandes routes, les
gendarmes n'ayant pas le temps d'aller partout à travers champs.
Oui, c'est la loi! mais c'est aussi la loi d'empêcher de travailler le
dimanche : le gouvernement ne l'applique pas. Il a sans doute ses
raisons pour la considérer comme une lettre morte, pensant vrai-
semblablement qu'on ne ramène point, en les contraignant, les hommes à la foi. Mais a-t-il d'autre droit lui-même que son intérêt ou sa
fantaisie, pour décider des lois qu'il lui convient ou non de faire
exécuter? La loi ordonne encore de punir les assassins. Or, quand
le gouvernement, issu de la révolution de 1830, apprit qu'on avait
trouvé le dernier des Condé, suspendu à l'espagnolette de la fenêtre
de sa chambre à coucher, par sa cravate attachée en sautoir au-
dessus de sa tête, ne serrant nullement le cou, et les jambes traî-
nant à terre, le procureur général près la Cour de Paris, qui n'était
un mois auparavant qu'un pauvre avocat, chef d'un comité direc-
teur d'élections dans sa province, fut envoyé par Louis-Philippe,
pour constater l'état des lieux. Ce magistrat complaisant, si rapidement élevé à un des premiers postes de l'Etat, avait reçu des ordres secrets pour ne rien voir, ou plutôt pour voir tout de travers.
— « Oh! le prince s'est pendu lui-même, dit-il, à peine entré dans
la chambre mortuaire, c'est évident! — Mais c'est le contraire qui
est évident, monsieur, répliqua vivement M. Hennequin, avocat
des Rohan, parents les plus proches du duc de Bourbon-Condé; ce
qui est évident, c'est qu'on a d'abord étouffé le prince dans son lit,
et qu'on l'a ensuite suspendu fort maladroitement à cette espagnolette pour faire croire à un suicide. »

Voici l'histoire de ce prétendu suicide :

Trois ou quatre ans avant la chute de la Restauration, le duc de
Bourbon-Condé alla rendre visite au Roi, pour lui manifester l'in-
tention où il était de donner tous ses biens au duc de Bordeaux.
« Eh! pourquoi, mon cousin, lui dit Charles X, feriez-vous cette
donation à mon petit-fils? Est-ce qu'il ne doit pas hériter un jour
de la couronne de France? Disposez plutôt de votre fortune en fa-
veur de ces *bons d'Orléans*. » Le duc de Bourbon ne les aimait pas;
cependant, pour complaire au Roi, il reconnut par un testament,
le duc d'Aumale, son filleul, pour son héritier. Mais après l'u-
surpation de Louis-Philippe, la situation était bien changée ; le
prince de Condé revint à ses premiers sentiments, témoigna impru-
demment le désir de rejoindre la branche aînée en exil et réalisa

300,000 francs en or à cet effet. Ce fut le signal de sa mort. On craignit, non sans raison, que le testament ne fût révoqué ; dans la nuit même qui précéda le jour où le malheureux prince devait partir, on l'assassina ! Tout Paris désignait les vrais coupables et leurs complices à la Justice : elle se garda de les rechercher, et la famille de Rohan lui demanda en vain l'annulation du testament. Les d'Orléans convoitaient depuis longtemps les cent millions des Condé ; ils donnèrent en conséquence leurs instructions à la magistrature, qui les suivit lâchement. C'est à ce prix que le duc d'Aumale est maintenant l'un des princes les plus riches de l'Europe. Mieux vaut pour le bonheur et pour la gloire être Aristide ou Cincinnatus.

En quoi, du reste, les d'Orléans furent-ils plus ou moins coupables que les dictateurs révolutionnaires de toutes les époques, de 1870 et de 1848, comme de 1793 et 1830, qui violèrent toujours, selon leur intérêt ou leur caprice, les lois qui protègent les personnes et les choses, effrontément et impunément ? Mais je ne répéterai pas ici ce que j'ai dit avec de plus longs développements ailleurs.

Triste temps, malheureux pays de chicane, d'inconséquences, d'odieuses iniquités, de plats rhéteurs, de *petits bourgeois,* de législateurs puérils et de mesquins caractères, malheureux pays, qui, après s'être déclaré, il y a trente ans, assez riche pour *payer sa gloire,* met aujourd'hui la même vanité à payer sa honte.

Triste temps, malheureux pays, où l'on écrit sur les monuments publics et les monnaies : liberté, égalité, fraternité, et où cependant cette fraternité en paroles n'est au fond des cœurs que de la haine et de l'envie entre les classes et les partis ; où l'arbitraire est partout dans les lois ou la manière dont elles sont appliquées, et la vérité et la justice nulle part ; où la liberté, sans la licence, est une chimère et l'égalité, même devant la loi, un mot.

Oui, malheureux pays, qui n'a d'hommes ni pour la monarchie ni pour la république, Balzac te l'a prédit que tu serais perdu par la *médiocratie.* Oui, tes monuments aux frontispices menteurs seront encore détruits par l'incendie, si tu ne sais pas enfin te donner une législation digne d'un grand peuple ; si tu ne sais pas surtout former dans ton sein assez de citoyens fiers et libres, rappelant ceux des beaux jours de l'ancienne Grèce et de Rome, qui te fassent sur le Rhin un rempart de leurs poitrines, en s'écriant avec un noble enthousiasme : « Passant, va dire à la France que nous mourrons pour la défendre et obéir à ses lois. »

La Rochelle-l'Étang, 23 avril 1873.

Ces fameuses chenilles que l'on n'est pas parvenu à détruire à coups d'amende cet hiver, ont disparu comme par enchantement à la fin du printemps. Ce n'était donc pas la peine de faire tant de bruit à leur sujet. A quoi attribuer leur naissance et leur mort? C'est aux savants qui croient savoir la raison de tout de me l'apprendre.

> Felix qui potuit rerum cognoscere causas.
> (*Georgiques,* livre II.)

Pour moi, je confesse mon ignorance. Mais je suis bien sûr d'être malheureusement trop dans le vrai, quand je persiste à m'écrier : Pauvre France, qui te proclames en progrès! Peut-être l'es-tu dans la matière, mais dans les choses de l'intelligence, hélas ! non.

> O fortunatos nimium, sua si bona norint
> Agricolas,

disait aussi Virgile aux Romains, déjà corrompus depuis plus de deux siècles. Il est cependant encore bon nombre de laboureurs français qui connaissent et apprécient ce bonheur de la campagne. Car là seulement on peut jouir des deux premiers biens de la vie : l'indépendance et la paix. On ne voit donc pas ces laboureurs, dans les antichambres des grands plus ou moins équivoques d'aujourd'hui, solliciter des places et encore moins des rubans bariolés de toutes les couleurs. C'est une telle rage chez les gens des villes qu'ils prennent des décorations de toutes mains ; si bien que je connais plus d'une poitrine, en même temps constellée de la croix du Saint-Père et du croissant du Grand-Turc. Les journaux viennent d'annoncer au public que, dès le jour de l'arrivée du Shah à Paris, 3,500 demandes lui avaient été adressées pour obtenir des ordres ou hochets persans. Et l'on ne doit pas s'en étonner : lorsqu'il s'agit de se barder ou de se chamarrer de cordons et de livrées, monarchistes et républicains ne sont-ils pas toujours d'accord? C'est bien là une plaie pire que celle des grenouilles ou sauterelles d'Egypte et des chenilles du bas-Poitou, car elle prouve qu'il n'y a plus de dignité ni de vraie grandeur parmi nous.

Serait-ce trop demander au gouvernement que de le prier de s'occuper uniquement, sans de plus longs retards, de toutes les affaires sérieuses qui sont, dit-on, fort en souffrance et de laisser les laboureurs tranquilles dans leurs champs ?

15 juillet 1873.

FUSION :

CONFUSION, ~~DÉCEPTION~~, TRAHISON, SUICIDE, DÉCHÉANCE

ET DÉGRADATION.

Qui nous délivrera des Tricolores de la fusion? Ces félons, ces intrigants ou ces aveugles rêvent d'établir une monarchie uniquement pour eux et leurs créatures, en commençant par le déshonneur et l'avilissement du Rci. Ils n'ont que ce mot à la bouche : Fusion! ce qui signifie, lorsqu'on va au fond des choses : confusion, déception, trahison, suicide, déchéance et dégradation, comme on peut le voir par l'article suivant du *Temps,* où le doigt est mis sur la plaie. Quel que soit le but que se propose ce journal, qui certes ne passe pas pour légitimiste, il n'en dit pas moins la vérité, que je trouve aujourd'hui très bonne à propager, n'importe d'où elle vienne.

Il faut opter, afin d'éviter de nouveaux bouleversements, entre la monarchie pure ou traditionnelle et la république. Ce sont deux formes de gouvernement bien distinctes, qui ont chacune leurs avantages et leurs inconvénients, comme toutes les choses de ce monde, mais enfin qui peuvent durer plusieurs siècles, ainsi que cela s'est vu et se verra. Quant à vouloir relever la monarchie contractuelle ou constitutionnelle de ses ruines, après tous les essais malheureux qu'on en a faits, en moins de quatre-vingts ans, en vérité c'est dc la démence. Une telle monarchie n'est possible que dans les pays où il existe une oligarchie puissante, gouvernant en réalité sous le nom d'un roi, qui n'est qu'une fiction. Or, nous avons détruit, depuis longtemps, toute aristocratie ou noblesse légale chez nous.

Il serait d'abord nécessaire de la reconstituer ; personne n'y songe, que je sache. Donc le régime parlementaire, devenu très difficile, même en Angleterre dont il est originaire et où le peuple professe encore un si grand respect pour la loi, est absolument impraticable en France. Cela a été souvent démontré et jusqu'à satiété. On veut tenter cependant un nouvel essai de ce gouvernement bâtard, qui nous convient évidemment si peu. Cet essai, s'il a lieu, aura le même sort que ses devanciers, et sera cette fois le prélude d'une révolution sociale : il n'est pas besoin d'être prophète pour la prédire ou la prévoir.

Voici l'article du *Temps* :

« Les meneurs du centre droit nous paraissent bien irrespectueux pour le comte de Chambord, lorsqu'ils laissent percer l'espoir de lui faire accepter le drapeau tricolore. On n'a jamais vu offenser à ce point un prétendant qu'on aspire à servir, et le desservir aussi ganchement auprès des gens d'honneur dont il importerait de lui rallier les suffrages. Ces politiques obstinés, mais peu scrupuleux, ne peuvent ignorer par quelles déclarations le comte de Chambord a répondu d'avance à de pareilles suggestions, et quels arrêts sévères il a portés contre lui-même pour le cas où il céderait à des conseils aussi perfides. Que les casuistes de la fusion nous permettent de les leur rappeler, afin qu'ils apprécient eux-mêmes la gravité de leur offense.

» Le prétendant s'exprimait ainsi dans son manifeste daté de Chambord, le 5 juillet 1871 :

« La France m'appellera et je viendrai à elle tout entier, avec mon
» dévouement, mon principe et *mon drapeau.*

» A l'occasion de ce drapeau, *on a parlé de conditions que je ne dois*
» *pas subir.*

» Je suis prêt à tout pour aider mon pays à se relever de ses ruines
» et à reprendre son rang dans le monde ; le seul sacrifice que je ne
» puisse lui faire, *c'est celui de mon honneur.*

» Non, *je ne laisserai pas arracher de mes mains l'étendard d'Henri IV,*
» de François Ier et de Jeanne d'Arc.

» C'est *avec lui* que s'est faite l'unité nationale ; c'est *avec lui* que
» vos pères, conduits par les miens, ont conquis cette Alsace et cette
» Lorraine, dont la fidélité sera la consolation de nos malheurs.

» Il a vaincu la barbarie sur cette terre d'Afrique, témoin des pre-
» miers faits d'armes des princes de ma famille ; *c'est lui* qui vaincra
» la barbarie nouvelle dont le monde est menacé.

» *Je le confierai* sans crainte à la vaillance de notre armée ; il n'a
» jamais suivi, elle le sait, que le chemin de l'honneur.

» Je l'ai reçu *comme un dépôt sacré* du vieux roi mon aïeul, mourant
» en exil, il a toujours été pour moi inséparable du souvenir de la
» patrie absente ; il a flotté sur mon berceau, je veux qu'il ombrage
» ma tombe.

» Dans les plis glorieux *de cet étendard sans tache,* je vous apporterai
» l'ordre et la liberté.

» *Français ! Henri V ne peut abandonner le drapeau blanc d'Henri IV.* »

» Ce n'est pas tout ! Le comte de Chambord a encore écrit dans son manifeste au peuple français, du 25 janvier 1872 :

« Je ne devais pas, dit-on, demander à nos valeureux soldats de » marcher sous un nouvel étendard.

» Je n'arbore pas un nouveau drapeau, *je maintiens celui de la France* » et j'ai la fierté de croire qu'il rendrait à nos armées leur ancien » prestige.

» Si le drapeau blanc a éprouvé des revers, il y a des humiliations » qu'il n'a pas connues.

» *Par mon inébranlable fidélité à ma foi et à mon drapeau,* c'est » l'honneur même de la France et de son glorieux passé que je » défends, c'est son avenir que je prépare.

» Rien n'ébranlera mes résolutions, rien ne lassera ma patience, et » *personne, sous aucun prétexte,* n'obtiendra de moi que je consente à » devenir le roi légitime de la révolution ! »

« Ce n'est pas tout encore, car le prétendant n'a pas seulement écrit en 1871 et en 1872, il a aussi écrit en 1873, et voici ce qu'il a déclaré à M. Dupanloup le 6 février 1873 :

« Il m'est permis de supposer par vos allusions, monsieur l'Evêque, » qu'au premier rang des sacrifices regardés par vous comme indis- » pensables pour correspondre aux vœux du pays, vous placez celui » du drapeau.

» C'est là un prétexte inventé par ceux qui, tout en reconnaissant » la nécessité du retour à la monarchie traditionnelle, veulent au » moins conserver le *symbole de la révolution.*

» Croyez-le-bien, malgré ses défaillances, la France n'a pas à ce » point perdu *le sentiment de l'honneur ;* elle ne comprend pas plus le » chef de la maison de Bourbon *reniant l'étendard d'Alger* qu'elle n'eût » compris l'Evêque d'Orléans se résignant à siéger à l'Académie fran- » çaise en compagnie de sceptiques et d'athées. »

» Les diplomates dont nous parlons n'en persistent pas moins à penser que l'étendard d'Alger sera renié, que le symbole de la Révolution sera conservé et que le prétendant, comprenant le sentiment de l'honneur en septembre autrement qu'en février, n'aura plus qu'à s'excuser auprès de M. Dupanloup des vains propos qu'il lui a tenus et de l'épigramme dont il les a couronnés.

» C'est là, nous le répétons, une singulière façon de comprendre la majesté royale et de raviver au cœur du pays le respect du souverain. Au point de vue même de l'œuvre qu'ils tentent, les meneurs de la fusion ne feraient-ils pas mieux de se rallier au drapeau blanc que de vouloir préluder par des palinodies à la restauration du trône et de l'autel? »

Le conseil est bon, qu'on se hâte de le suivre, sinon, l'orléanisme perdra le Roi. Si, en effet, contrairement à toutes ses déclarations les plus solennelles, Henri V *consentait à devenir le roi légitime de la Révolution,* en abandonnant l'étendard glorieux de ses ancêtres pour prendre le drapeau tricolore, qui rappellera toujours jusqu'à la postérité la plus reculée, les crimes des régicides de la Convention et les hontes de Metz et de Sedan, *il n'y aurait rien de changé en France, il n'y aurait qu'un d'Orléans de plus et le Roi de moins* (1).

Le Roi est mort, s'écriaient jadis nos pères à chaque changement de règne, Vive le Roi! Le Roi est mort, s'écrieraient de nos jours les défenseurs fidèles du drapeau de la Monarchie, les derniers vengeurs de l'honneur et du droit, les seuls vrais royalistes en un mot, le Roi est mort, vive la France !

2 octobre 1873.

(1) « Il n'y a rien de changé en France, il n'y a qu'un Français de plus. »
Mot de Charles X, alors comte d'Artois, en rentrant à Paris, après un exil de vingt-cinq ans, le 12 avril 1814.

Conclusion générale de tous mes écrits.

« L'enthousiasme en tout genre est ridicule pour qui ne l'éprouve pas. La poésie, le dévouement, l'amour, la religion, ont la même origine ; et il y a des hommes aux yeux desquels ces sentiments sont de la folie. Tout est folie si l'on veut, hors le soin que l'on prend de son existence ; il peut y avoir erreur ou illusion partout ailleurs. »   *(Corinne ou l'Italie.)*

Que veut dire ce mot enthousiasme ? Il signifie souffle, inspiration de Dieu en nous (Ευ, θεος, ασθμα). Or, Dieu, c'est la vérité et l'amour. Malheur aux nations sceptiques ou matérialistes qui ne le comprennent plus ! Elles tombent rapidement dans la décrépitude. En serions-nous là déjà ? Je le crains. Mais « il n'y a, en réalité, ni absence, ni mort, ni vieillesse pour les âmes saintes qui se sont aimées une fois en Dieu et pour Dieu sur la terre : elles sont toujours jeunes, car le souvenir de leur amour les suit partout pendant la vie, et leur douce union sera plus parfaite encore et durera éternellement au ciel. » (1)

Les hommes qui ont goûté ces joies si pures du christianisme, n'ont aucun besoin des honneurs. Ils les acceptent ou les subissent comme des croix ou des devoirs. Mais que ces hommes soient placés au sommet de la société ou qu'ils vivent dans la retraite, n'importe, ils sont heureux, les seuls heureux ! Car, eux seuls, exempts de toute ambition terrestre, peuvent vraiment mettre en pratique, bien mieux que tous les philosophes du monde ancien et nouveau, cette maxime de Sénèque :

Celui qui ne désire rien est roi.

Paris, Toussaint, 1er novembre 1873.

Prince DE Ross...

(1) Extrait de la préface du « *Récit d'un frère* » que je publierai plus tard.

PIÈCES JUSTIFICATIVES

Seconde lettre au Préfet de la Vendée.

Monsieur le Préfet,

Je vous ai prouvé dans ma première lettre : 1° que la loi sur l'échenillage était vexatoire ; 2° que le gouvernement l'avait laissé tomber en désuétude et remise ensuite en vigueur très arbitrairement ; 3° enfin que l'administration avait fait un choix des délinquants qu'elle jugeait à propos de condamner à l'amende, laissant les autres fort tranquilles, ce qui est d'une grande injustice assurément.

Passons à un autre ordre de faits.

La loi m'oblige à déclarer, au chef-lieu de ma commune, le nombre de mes voitures et chevaux soumis à la taxe. Je l'ai fait consciencieusement, d'accord avec le maire. Quelques mois après, je reçois mon avertissement des contributions directes et je m'aperçois qu'on a grossi ma cote à la Direction ou ailleurs, sans m'avoir prévenu. De quel droit? Car de deux choses l'une, ou j'ai fait une déclaration loyale, devant le maire, à laquelle il faut se conformer, ou cette déclaration est fausse, alors on doit me poursuivre. On trouve plus simple de me taxer à tort et à travers à l'avantage du fisc, bien entendu. Encore de l'arbitraire.

Puis je vois, malgré moi, mon nom inscrit sur la liste du jury.

Soit, c'est la loi, monsieur le Préfet. Mais est-ce donc aussi la loi que les juges de paix ou autres changent à leur gré, sans consulter personne, les listes dressées d'abord à la commune, en connaissance de cause, et biffent ou rognent les titres et les particules nobiliaires, par ignorance ou mauvaise volonté, je ne sais? Qu'est-ce que tous ces procédés impertinents, sinon encore de l'arbitraire et toujours de l'arbitraire ?

Sans doute, monsieur le Préfet, on a le droit de faire rétablir les noms et les choses en leur véritable état : mais il faut passer sa vie en réclamations, en luttes ou batailles sans dignité. Je borne là mes exemples ou citations, pensant avoir assez démontré qu'on est en France sans cesse harcelé par le gouvernement ou l'administration, d'où il suit qu'on est toujours prêt à s'insurger contre l'autorité, quelle qu'elle soit.

Le bel avenir que tout cela nous promet !

Veuillez agréer, etc.

La Rochelle-l'Etang, 15 octobre 1873.

« Pendant les époques les plus funestes de la terreur, beaucoup d'honnêtes gens ont accepté des emplois dans l'administration, et même dans les tribunaux criminels, soit pour y faire du bien, soit pour diminuer le mal qui s'y commettait; et tous s'appuyaient sur un raisonnement assez généralement reçu : c'est qu'ils empêchaient un scélérat d'occuper la place qu'ils remplissaient, et rendaient ainsi service aux opprimés. Se permettre de mauvais moyens pour un but que l'on croit bon, c'est une maxime de conduite singulièrement vicieuse dans son principe. Les hommes ne savent rien de l'avenir, rien d'eux-mêmes pour demain ; dans chaque circonstance et dans tous les instants le devoir est impératif, les combinaisons de l'esprit sur les suites qu'on peut prévoir n'y doivent entrer pour rien.

» De quel droit des hommes qui étaient les instruments d'une autorité factieuse conservaient-ils le titre d'honnêtes gens, parce qu'ils faisaient avec douceur une chose injuste? Il eût bien mieux valu qu'elle fût faite rudement, car il eût été plus difficile de la supporter ; et de tous les assemblages le plus corrupteur, c'est celui d'un décret sanguinaire et d'un exécuteur bénin.

» La bienfaisance que l'on peut exercer en détail ne compense pas le mal dont on est l'auteur en prêtant l'appui de son nom au parti que l'on sert. Il faut professer le culte de la vertu sur la terre, afin que non-seulement les hommes de notre temps, mais ceux des siècles futurs en ressentent l'influence. L'ascendant d'un courageux exemple subsiste encore mille ans après que les objets d'une charité passagère n'existent plus. La leçon qu'il importe le plus de donner aux hommes dans ce monde, et surtout dans la carrière publique, c'est de ne transiger avec aucune considération quand il s'agit du devoir.

» Dès qu'on se met à négocier avec les circonstances, tout est perdu, car il n'est personne qui n'ait des circonstances. Les uns ont une femme, des enfants, ou des neveux, pour lesquels il faut de la fortune ; d'autres un besoin d'activité, d'occupation ; que sais-je ? une quantité de vertus, qui toutes conduisent à la nécessité d'avoir une place, à laquelle soient attachés de l'argent et du pouvoir. N'est-on pas las de ces subterfuges, dont la révolution n'a cessé d'offrir l'exemple ? L'on ne rencontrait que des gens qui se plaignaient d'avoir été forcés de quitter le repos qu'ils préféraient à tout, la vie domestique, dans laquelle ils étaient impatients de rentrer ; et l'on apprenait que ces gens-là avaient employé les jours et les nuits à supplier qu'on les contraignît de se dévouer à la chose publique, qui se passait parfaitement d'eux.

» Les législateurs anciens faisaient un devoir aux citoyens de se mêler des intérêts politiques. La religion chrétienne doit inspirer une disposition d'une toute autre nature, celle d'obéir à l'autorité, mais de se tenir éloigné des affaires de l'Etat quand elles peuvent compromettre la conscience. La différence qui existe entre les gouvernements anciens et les gouvernements modernes explique cette opposition dans la manière de considérer les relations des hommes envers leur patrie.

» La science politique des anciens était intimement unie avec la religion et la morale ; l'état social était un corps plein de vie. Chaque individu se considérait comme l'un de ses membres. La petitesse des Etats, le nombre des esclaves qui resserrait encore de beaucoup celui des citoyens, tout faisait un devoir d'agir pour une patrie qui avait besoin de chacun de ses fils. Les magistrats, les guerriers, les artistes, les philosophes, et presque les dieux, se mêlaient sur la place publique ; et les mêmes hommes, tour à tour, gagnaient une bataille, exposaient un chef-d'œuvre, donnaient des lois à leur pays, ou cherchaient à découvrir celles de l'univers.

» Si l'on en excepte le très petit nombre de gouvernements libres, la grandeur des États chez les modernes et la concentration du pouvoir des monarques, ont rendu, pour ainsi dire, la politique toute négative. Il s'agit de ne pas se nuire les uns aux autres ; et le gouvernement est chargé de cette haute police, qui doit permettre à chacun de jouir des avantages de la paix et de l'ordre social, en achetant cette sécurité par de justes sacrifices. Le divin législateur des hommes commandait donc la morale la plus adaptée à la situation du monde sous l'empire romain, quand il faisait une loi du payement des tributs et de la soumission au gouvernement, dans tout ce que le devoir ne défend pas ; mais il conseillait aussi avec la plus grande force la vie privée.

» Les hommes qui veulent toujours mettre en théorie leurs penchants individuels confondent habilement la morale antique et la morale chrétienne, — il faut, disent-ils, comme les anciens, servir sa patrie, n'être pas un citoyen inutile dans l'Etat, — il faut, disent-ils, comme les chrétiens, se soumettre au pouvoir établi par la volonté de Dieu. — C'est ainsi que le mélange du système de l'inertie et de celui de l'action produit une double immoralité, tandis que, pris séparément, l'un et l'autre avaient droit au respect. L'activité des citoyens grecs et romains, telle qu'elle pouvait s'exercer dans une république, était une noble vertu. La force d'inertie chrétienne est aussi une vertu, et d'une grande force ; car le christianisme, qu'on accuse de faiblesse, est invincible selon son esprit, c'est-à-dire dans l'énergie du refus. Mais l'égoïsme patelin des hommes ambitieux leur enseigne l'art de combiner les raisonnements opposés, afin de se mêler de tout comme un païen, et de se soumettre à tout comme un chrétien.

> » L'univers, mon ami, ne pense point à toi,

est ce qu'on peut dire maintenant à tout l'univers, les phénomènes exceptés. Ce serait une vanité bien ridicule que de motiver, dans tous les cas, l'activité politique par le prétexte de l'utilité dont on peut être à son pays. Cette utilité n'est presque jamais qu'un nom pompeux dont on revêt son intérêt personnel.

» L'art des sophistes a toujours été d'opposer les devoirs les uns aux autres. L'on ne cesse d'imaginer des circonstances dans lesquelles cette affreuse perplexité pourrait exister. La plupart des fictions dramatiques sont fondées là-dessus. Toutefois, la vie réelle est plus simple, l'on y voit souvent les vertus en combat avec les intérêts ; mais peut-être est-il vrai que jamais l'honnête homme, dans aucune occasion, n'a pu douter de ce que le devoir lui commandait. La voix de la conscience est si délicate, qu'il est facile de l'étouffer ; mais elle est si pure, qu'il est impossible de la méconnaître.

» Une devise connue contient, sous une forme simple, toute la théorie de la morale : *Fais ce que dois, advienne que pourra.* Quand on établit, au contraire, que la probité d'un homme public consiste à tout sacrifier aux avantages temporels de sa nation, alors il peut se trouver beaucoup d'occasions où par moralité on serait immoral. Ce sophisme est aussi contradictoire dans le fond que dans la forme : ce serait traiter la vertu comme une science conjecturale et tout à fait soumise aux circonstances dans son application. Que Dieu garde le cœur humain d'une telle responsabilité ! Les lumières de notre esprit sont trop incertaines pour que nous soyons en état de juger du moment où les éternelles lois du devoir pourraient être suspendues, ou plutôt ce moment n'existe pas.

» S'il était une fois généralement reconnu que l'intérêt national lui-même doit être subordonné aux pensées plus hautes dont la vertu se compose, combien l'homme consciencieux serait à l'aise ! Comme tout lui paraîtrait clair en politique, tandis qu'auparavant une hésitation continuelle le faisait trembler à chaque pas ! C'est cette hésitation même qui a fait regarder les honnêtes gens comme incapables des affaires d'Etat ; on les accusait de pusillanimité, de timidité, de crainte, et l'on appelait ceux qui sacrifiaient légèrement le faible au puissant, et leurs scrupules à leurs intérêts, des hommes *d'une nature énergique.* C'est pourtant une énergie facile que celle qui tend à notre propre avantage, ou même à celui d'une fraction dominante : car tout ce qui se fait dans le sens de la multitude est toujours de la faiblesse, quelque violent que cela paraisse.

» L'espèce humaine demande à grands cris qu'on sacrifie tout à son intérêt, et finit par compromettre cet intérêt, à force de vouloir y tout immoler ; mais il serait temps de lui dire que son bonheur même, dont on s'est tant servi comme prétexte, n'est sacré que dans ses rapports avec la morale ; car sans elle qu'importeraient tous à chacun ? Quand une fois l'on s'est dit qu'il faut sacrifier la morale à l'intérêt national, on est bien près de resserrer de jour en jour le sens du mot nation, et d'en faire d'abord ses partisans, puis ses amis, puis sa famille, qui n'est qu'un terme décent pour se désigner soi-même. »

(Mme DE STAEL, *de l'Allemagne*, 4e partie, chap. XIII, de la Morale fondée sur l'intérêt national.)

J'ai cité en entier ce beau morceau, quoique un peu long : 1° Parce qu'à plus de soixante ans de distance, il semble écrit pour les circonstances présentes, et confirme pleinement ce que j'ai dit moi-même contre les capitulations de conscience, dans mes brochures politiques ; 2° parce qu'il peut être donné comme une excellente règle de conduite à suivre par les honnêtes gens de tous les partis, dans le temps si troublé que nous traversons.

www.ingramcontent.com/pod-product-compliance
Lightning Source LLC
Chambersburg PA
CBHW071445030726
47594CB00006B/2833